AF586665

# PLACCART
# DV
# ROY
## Sur le reglement general de ſes Monnoyes.

A ANVERS,
Chez Hieroſme Verduſſen, Imprimeur des Monnoyes de ſa Maieſté. 1633.

*Auec Grace & Priuilege.*

Les Escuz ou Pistolets d'Espaigne pesant deux estrelins, & sept aes tresbuchant à quatre florins. iiij. flor.

Les doubles & quadruples, & ceux de huict de poids & prix à l'aduenant.

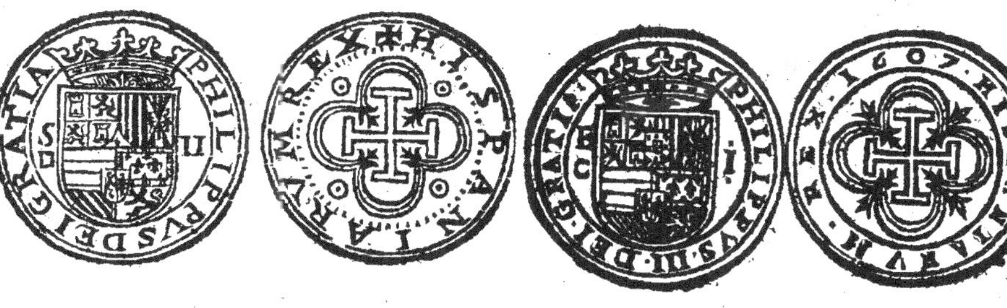

Les vieux Escus d'or de pardeça, ensemble les Escus de France, pesans deux estrelins, & sept aes trebuchant à quatre florins.

Escuz de France, à IV. florins.

Les demyz à l'aduenant.

Quadruple d'Espaigne du poids & pris à l'aduenant.

Les Escus de Portugal à la courte & longue Croix pesans deux estrelins & nœuf aes tresbuchant, à quatre florins.

Escuz ou pistolets d'Italie, pesants deux estrelins, & sept aes à trois florins & seize patars. iij Flo.xvj.pat.

Pistolets de Rome.

Pistolets d'Italie a 
iij.Fl.xvj.pat.

de Rome.

De Parma.

De Auignon.

De Boloigne.

De Sicilie.

De Milan.

Pistolet de Genua.

## Doubles & quadruples Piſtolets d'Italie.

### Quadruples de Milan.

### Quadruple de Parme & de Plaiſance.

### Quadruple de Florence.

### Quadruple de Genua.

### Quaruple deMantua.

### Doubles Piſtolets de Sauoye.

Double Piſtolet de Beſançon. vij. flor. xij. pat.

l'Eſcu de Liege Ferdinandus figuré cy apres peſant deux eſtrelins ſix aes & vn tiers, à trois florins & ſeize patars.

Les doubles Ducats deſdicts Archiducqz & ceux d'Eſpaigne peſants quatre eſtrelins dixhuict aes, & vn quart, à nœuf florins.

Les doubles Ducats d'Eſpaigne à nœuf florins. ix. Florins.

Les ſimples & quadruples de pois & pris à l'aduenant.

Les Ducats d'Italie, d'Hongrie, Boheme, Poloigne, & autres forgez en Allemaigne au pied de l'Empire pesants deux estrelins, nœuf aes tresbuchant à quatre florins & nœuf patars.

## Ducats d'Italie de Rome.

## Ducats d'Italie &c. à iiij. flor. ix. pat.

Mantua.

Parma.

ducats de Sauoye.

Milan.

ducat de Venise.

de Gennes.

de Saluce.

Verone.

Ducats d'Italie &c. à xiij.flor.ix.pat.

ducats de Lucques

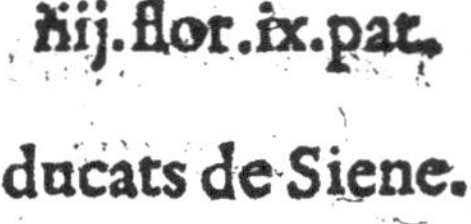

ducats de Siene.

Ducat de Lauanie.

Les doubles ducats d'Jtalie, de poids & prix à l'aduenant

de Rome.

de Bononie.

**Doubles Ducats d'Italie, à** **viij. Flor. xviij. pat.**

**de Milan.** **De Florence.**

Les Ducats d'Hongrie, Boheme, &c. à quatre florins nœuf pat.

Du Roy Vladiſlaus. Du Roy Sigiſmund.

du Roy Mathias.

## Ducatz d'Hongrie &c. à iiij. flor. ix. pat.

### du Roy Loudouicus.

### du Roy Ferdinand.

### du Roy Jean Premier.

### du Roy Iean Second.

Ducats d'Hongrie, à IV. flor. IX. pat.

de l'Empereur Maximilien 2. de l'Empereur Matthias.

Ducats de Transiluanie.

de l'Empereur Rudolfe.

Ducats de Boheme. Ducats de Preslau.

Ducats de Carinte.

Ducats de Carinte.

Les Ducats d'Hongrie, à IV. flor. IX. pat.

de l'ordre Teutonique.

Ducat d'Ausborch.

Ducat de Slesuicq.

Ducat de Slesie.

Ducats de Salsbourg.

Ducats de Salsbourg.

Ducat de Hamburch.

Les Ducats d'Hongrie, à IV. flor. IX. pat.

Ducats de Reichstein. Ducats de Pologne.

Ducats de Pologne.

Ducat de Prussie

Les doubles de poids & prix à l'aduenant.

Doubles Ducats de l'Emp.II. Doubles Ducats de Salsburg.

Les doubles Albertins de pardeça pesans trois estrelins onze aes & trois quarts, à six florins.

Les simples Albertins pesants vn estrelin vingt & nœuf aes à trois florins,

Les Reaux d'or de pardeça, pesans trois estrelins quinze aes, & vn quart à six florins & seize patars.

Les demyz Reaux d'or de pardeça peſans deux eſtrelins & nœuf aes à trois florins & huict patars.

Les florins Carolus d'or de pardeça peſans vn eſtrelin & vingtnœuf aes à deux florins & quarte patars.

Les florins de S. André peſans deux eſtrelins quatre aes & demy à trois florins & quarte patars.

Les demys de poids & pris à l'advenant.

Les florins Philippus de pardeça pesans deux estrelins & cincq ae
à deux florins & quatorze patars.

Les demys de poids & pris à l'aduenant.

Les Thoisons d'or de pardeça pesans deux estrelins trente aes à cincq florins douze patars.

Les Rydres de Bourgoigne, forgez pardeça pesans deux estrelins & nœuf aes à quatre florins & sept patars.

Les vieux Lyons d'or de pardeça pesans deux estrelins, vingt & deux aes & trois quarts à cincq florins.

Les grands Reaux d'Austrice forgez pardeça pesant nœuf estrelins vingt & deux aes, & vn quart, à dixhuict florins & douze patars.

Les demys & quarts de poids & pris à l'aduenant.

Le Schutquin forgé pardeça peſant deux eſtrelins & ſix aes à quatre florins.

Les vieux Nobles de Flandres peſans quatre eſtrelins, quatorze aes & vn quart, à huict florins & quatre patars.

Les demys & quarts de poids & pris à l'aduenant.

Les Nobles à la Rose d'Angleterre pesans cincq estrelins à nœuf florins & quatorze patars.

Les Nobles à la Rose d'Angleterre pesans cincq estrelins à noeuf Florins & quatorze patars.

Les demys & quarts de poids & pris à l'aduenant.

Les Nobles d'Angleterre d'Henry peſans quatre eſtrelins & quatorze aes tresbuchant à huict florins & douze patars.

Les demys & quarts de poids & pris à l'aduenant.

Les Angelots d'Angleterre peſant trois eſtrelins dix aes, & deux tiers à ſix florins & dix patars.

Les demyz, & quarts de poids, & pris à l'aduenant.

Les Angelots d'Angleterre auec vn O ſur la naif du meſme poids à ſix florins quatre patars.

Les vieux Jacobus d'Angleterre peſans ſix eſtrelins & demy, & les Rydres d'Hollande de meſme poids a vnze fl. & quatorze pat.

Les Rydres d'Hollande de mesme poids à vnze Florins & quatorze patars.

Les demyz & quarts de poids & prix à l'aduenant.

Les nouueaux Iacobus, couronnez de laurier, & les Carolus d'Angleterre pesants cincq estrelins & vingt & nœuf aes, à dix florins & quatorze patars.

Les Carolus d'Angleterre pesants cincq estrelins & vingt & nœu aes, à dix Florins & quatorze patars.

Les demys,& quarts de poids,& pris à l'aduenant.

Les Millerez de Portugal pesans cincq estrelins à nœuf Florins.

Les demy de poids, & à l'aduenant.

Patars de pardeça, a j.pat.

Demy patar de pardeça, a vj. deniers Art.

Lyartz d'argent de pardeça, a iij. deniers Art.

Les Philippus Daldres, peſans vingt & deux eſtrelins treize aes au remede de huict aes par piece à cinquant deux patars.

Philippes Daldre, ij. Flor.xij.pat.

Les demys de pois & pris à l'aduenant, a xxvj.pat.

Les doubles Florins forgez pardeça aux coings, & armes desdicts Archiducqz, pesants dixsept estrelins vingt nœuf aes & demy, au remede de six aes à quarante & vn patars.

Les ſimples Florins de poids & prix à l'aduenant, a xxz. pat.

Les pieces de trois Reaux deſdicts Archiducqz peſans ſix eſtrelins au remede de trois aes à quinze patars. xv. pat.

Les Reaux d'Eſpaigne, Mexico & Peru de huict eſtans de pois de dixſept eſtrelins vingt & cincq aes au remede de ſix aes à quarante huict patars. II. Fl. VIII. pat.

Reaux d'Espaigne de huict, a ij. Flor. viij. patars.

Real de Mexico.

Real de Peru.

Ceux de quatre & de deux, & les simples reaux estans de poids à l'aduenant a vingt quatre, douze & six patars.

Et quant aux cincquiesmes, dixiesmes, vingtiesmes & quarantiesmes desdicts Philippes daldres, demys Florins, quarts, huictiesmes & sexiesmes d'iceux, comme aussi les vieux simples Reaux & demys d'Espaigne, auec les Reaux, demys & quarts desdicts Archiducqz, pour estre la plus part vsez demeureront à leur pris accoustumé comme s'ensuit.

Les cincquiesmes desdicts Philippes Daldres, & les demy Flo. Estants de belle mise, pesant pour le moins quatre estrel. & quatre aes, a dix patars. x. pat.

Les dixiesmes desdicts Philippes daldres, & quarts desdicts Florins, pesant pour le moins ij. estrel. & ij. aes, a v. patars.

Quart dudict Florin. v.pat.

Les ſimples Reaux deſdicts Archiducqz, & ceulx d'Eſpaigne auec les vielles pieces de ſix gros forgées pardeça, n'eſtans de moindre poids que deux eſtrelins, à v.patars.

Les demy Reaux d'Eſpaigne, peſants vn eſtrel. a deux patars & demy. ijz.pat.

Les vingtiesmes dudict Philippes daldre, huictiesmes dudict Florin, demy Reaux desdicts Archiducqz, & les vielles pieces de trois gros n'estans par trop vsez, a deux pat. & demy. ijz.pat

Demy Real desdicts Archiducqz, a ijz.pat.

Vielle piece de trois gros, forgée pardeça, a ijz.pa.

Les quarantiesmes dudict Philippus daldre, seiziesmes dudict florin & quartz desdict Reaulx, à cincq lyartz, ou j pat. iij. deniers Art.

Le florin Carolus, pesant quartorze estrelins & trente aes, au reme
de de six aes, à trente quatre patars & demy. xxxiiijz. pat

Le Ducaton de Milan, pesant vingte vng estrelins, au remede de
huict aes, à cincquante cincq patars. ij.flor.xv.pat

Demy Milleres de Portugal de poids, & pris a l'aduenant.

Les doubles cinquiesmes dedict Milleres appellez petits Crusarts de Portugal pesans deux estrelins tresbucant à trois Florins & douze patars.

Les doubles & quadruples de poids, & pris à l'aduenant.

Le tout aux remedes de deux aes sur chacune piece & de payer deux patars pour chacun aes d'exces.

E Eua.

# Eualuation de la monnoye d'Argent.

Les nouueaux Ducatons d'argent à noz coings & armes & desdicts Sereniſſi. Archiducqz noz predeceſſeurs peſants vingt & vn eſtrelins & ſix aes tresbuchant au remede de huict aes par piece à trois florins. iij. Flor.

Les demyz Ducatons de poids & pris à l'aduenant.

Demy Ducaton, à xxx. pat.

Les Souuerains d'argent dicts Patagons, pareillement à nos coings & armes, & desdicts Archiducqz, ensemble les vieux Daldres à la Croix de Bourgoigne forgés pardeça, pesants dixhuict estrelins, & douze aes, au remede de six aes par piece à quarantehuict patars. ij.Fl.viij.pat.

Souuerain d'argent dict Patagon, à ij. flor. viij. pat.

Les vieux Daldres à la Croix de Bourgoigne forgées pardeça, pesants dixhuict estrelins, & douze aes, au remede de six aes par piece à quarante huict patars. ij. Fl. viij. pat.

Les demyz des Patagons de poids & prix a l'aduenant, a xxiiij. patars.

Les

Les demyz des Patagons de poids & prix a l'aduenant, a xxiiij. patars.

Les demyz, & quarts des Daldres de Bourgoigne de poids & prix a l'aduenant. à xxiiij. patars.

Les quarts pareillement de poids & prix a l'aduenant, a xij.

Le Teston de Bourgoigne pesant cincq estrelins quatorze ac
à douze patars.

Les pieces de six patars forgées à nos coings, & armes, & desdic
Archiducqz à six patars.

# Pieces de ſix patars

Les pieces de trois patars forgées padeça aux coings, & arm
dicts Archiducqz, & nulles autres, à trois patars.

Pieces de quatre patars forgées pardeça, a iiij. pat.

Doubles patars pardeça, a ij. pat.

Patars de pardeça, a j. pat.

Les Nouueaux Daeldres de l'Electeur Ferdinand, Eueſque & Prince de Liege, &c. Aſçauoir ceulx dont les figures ſont icy miſes, & nulz aultres, peſants vnze eſtrel. trois grains & demy, au remede de quatre grains, à vingt-cincq patars. xxv. pat.

## Monnoye de Cuiure.

Les liartz & gigots, forgez pardeça, tant à nos coings, & armes que de nos predeceſſeurs, & les doubles & ſimples deniers à leur pris accouſtumé

Les Lyartz, à iij. deniers Art.

Lyartz, à iij. den. Art.

Les gigotz, à jz.den. Art. ou six mites Flandre.

Les doubles deniers, a ij.den. Art. ou huict mites Flandre.

Les singles deniers, a j.den. Art. ou quatre mites Flandre.

# EXTRAICT DV PRIVILEGE.

Philippe par la grace de Dieu Roy de Castille, &c. A tous ceux qui ces presentes verront, salut, receu auons l'humble remonstrance & Requeste de Ierosme Verdussen, Imprimeur Iuré demeurant en nostre ville d'Anuers, contenant que feu Ierosme Verdussen son pere aussi imprimeur iuré ayant aussi residé audit Anuers auroit passé cincquante ou soixante ans obtenu Octroy & permission de pouuoir imprimer les Placcarts concernans toutes les causes & affaires de noz Monnoyes. Et comme le dernier en date du deuxiesme d'Octobre mil six cens dix, auroit esté accordé par les Serenissimes Archiducqz noz tres-chers & tres-amez bon Oncle & Tante ALBERT & ISABELLA Clara Eugenia Infante d'espaigne, comme Princes & Souuerains de noz pays de pardeça de heureuse memoire, & que par leur decés lesdicts pays nous sont deuoluz, le remonstrant nous a tres-humblement supplié, qu'il nous plaise de renouueller lesdict dernier Octroy en sa personne auec Priuilege & conclusion de tous autres, aux mesmes peines & charges y contenues, SÇAVOIR FAISONS, que nous les choses susdictes considerées, inclinans fauorablement à la supplication & requeste du suppl. luy auons Octroyé & consenti, Octroyons & consentons en luy donnant congé & licence de grace speciale par ses presentes que puist & pourra seul à exclusion de toutes autres Imprimeurs, vendre & distribuer par tous noz pays de pardeça, tous noz affaires concernans nostredictes Monnoyes, si comme eualuation, permissions, Placcarts, tolerations, liures ou liuretz & chartes de noz deniers d'or & d'argent, aussi bien eualué que non eualué, auec les poids, pris, & valeur, Interdisans & defendans bien expressement, & à certes, à tous autres Imprimeurs, tailleurs, graueurs & libraires, & de quelque qualité ou condition qu'il soient, ou pourroient estre de suiure ceux liures ou liuretz, permissions, Placcartz & tollerations ensemble tout ce que peut aussi toucher le faict des Monnoyes, en tout où en partie, contrefaire ou imprimer où en quelque lieu estans ensuiuiz, contrefaitz ou imprimé, de vendre, faire ou laisser vendre iceux en nosdictes pays de deça sans le consentement dudict Suppliant, soit en vertu de quelque Priuilege ou consentement particulier qu'ils ont, ou pourroyent auoir des Gouuerneurs, noz Conseilz, Prouinciaulx, Magistratz ou d'aultres quelz qu'ilz soyent, à peine de confiscation & perte desdicts exemplaires, & pardessus ce de trois florins Carolus d'amende pour chacun d'iceux qu'ainsi sera imprimé ou vendu, applicable vn tiers à nostre prouffit, vn autre à l'Officier, & restant au proufit dudict Suppliant, pourueu qu'iceluy aura à se regler suiuant noz Placcartz, & aultres Ordonnances faictz & encore à faire sur le faictz de l'Imprimerie; Si donnons en mandement à noz Tres-chers & Feaulx les Chef President & Gens de noz Priué & grand Consaulx, President & Gens de noz Consaulx Prouinciaux à Luxemborch, Flandres, Arthois & Namur, Grand Bailly de Haynau, & Gens de nostre Conseil à Mons, Gouuerneur de Lille, Douay & Orchies, Bailly de Tournay & Tournesiz, Preuost le Comte à Valenciennes, Escoutette de Malines & à tous aultres noz Iusticiers, Officiers & subiectz qu'il appartiendra que ceste nostre presente grace, permission & accord, & de tout le contenu de ces presentes, ils facent, souffrent, & laissent ledict suppliant plainement & paisiblement iouir, & vser, sans luy faire, mettre ou donner, n'y souffrir estre faict, mis ou donné aucun obstacle, destourbier, ou empeschement au contraire: car ainsi nous plaist il. En tesmoing de ce, nous auons faict mettre nostre seel à cesdictes presentes: Donné en nostre ville de Bruxelles le dernier iour du mois d'Aoust l'an de Grace M. DC. XLIII.

*Par le Roy en son Conseil Priué*

Signé Routart.

*Et au Conseil de Brabant.*

Signé Loyens.

www.ingramcontent.com/pod-product-compliance
Lightning Source LLC
LaVergne TN
LVHW012009160826
845678LV00002B/734

* 9 7 8 2 3 2 9 6 8 4 4 4 4 *